कच्चे रंग

कच्चे रंग

मोहित कटारिया

वाणी प्रकाशन

वाणी प्रकाशन

4695, 21-ए, दरियागंज, नयी दिल्ली 110 002

फ़ोन : +91 11 23273167 फ़ैक्स : +91 11 23275710

शाखाएँ

अशोक राजपथ, पटना 800 004, बिहार

कॉफ़ी हाउस कैम्पस, महात्मा गांधी मार्ग, इलाहाबाद 211 001, उत्तर प्रदेश

महात्मा गांधी अन्तरराष्ट्रीय हिन्दी विश्वविद्यालय, वर्धा 442 001, महाराष्ट्र

सुल्तानिया रोड, मोतिया पार्क, भोपाल 462 001, मध्य प्रदेश

www.vaniprakashan.in
marketing@vaniprakashan.in
sales@vaniprakashan.in

KACHCHE RANG
by Mohit Kataria

ISBN : 978-93-89012-25-5
Poetry

प्रथम संस्करण 2019

स्केच एवं आवरण : अनु वर्मा कटारिया

मूल्य : ₹ 200

यश प्रिंटोग्राफ़िक्स, नोएडा-201 301 (उ.प्र.) में मुद्रित

वाणी प्रकाशन का लोगो मक़बूल फ़िदा हुसेन की कूची से

पापाई,
पैरी पैना!

अनुक्रम

इश्क़ हक़ीक़ी : नूर की मद्धम लौ

परतें रिश्तों की : पर्दा–बेपर्दा जज़्बात

रात, नींद और ख़्वाब : परछाइयाँ अँधेरों की

बारिशें और धनक : सौंधी–सौंधी ख़ुशबू के रंग

नज़्में नज़्मों की : पन्नों के दूसरी ओर से

वक़्त में ठहरे हुए पल और कुछ सवाल–जवाब

ग़ज़लें कुछ : कच्चे–पक्के अश'आर

अन्तहीन आवाज़ों को हौले से सुनने की कोशिश...

दार्शनिकों का–सा बाना ओढ़े हुए मोहित कटारिया अपने पहले कविता–संग्रह या नज़्मों की किताब के साथ हम सभी से मुख़ातिब हैं। उन्होंने अपने दीवान का नाम दिया है 'कच्चे रंग'। गोया, ख़ुद उनकी कैफ़ियत अभी पकने की दहलीज़ पर जैसे खड़ी हो। ...लगता है खेतों में फ़सल के पकने से पहले फैली हुई हरियाली का जीवन्त रंग लिये हुए ये नज़्में अपने कच्चेपन को हरसम्भव जतन से सुन्दर बना रही हों। एक युवा कवि–मन अपने चिन्तक को कितनी गहराई दे सकता है या कितने कोणों से प्रश्न पूछने और समाधान न ढूँढ़ पाने के लिए ख़ुद का एक फ़लसफ़ा तय कर सकता है, इसके लिए 'कच्चे रंग' एक ज़रूरी पाठ की तरह सामने आती है। शायद इसीलिए कवि सिर्फ़ ख़्वाबों में रोता है और अपने रोने की आवाज़ों को भी चुपचाप ख़ुद ही सुनता है और उस पर मुग्ध होता जाता है। कुछ–कुछ कबीर का फक्कड़पन लिये हुए, जहाँ *'दुखिया दास कबीर है, जागै और रोवै'* की बात आती है। मोहित कटारिया न जाने कितने अनजान रिश्तों की डोर में पगे हुए हैं, उनकी अन्तहीन आवाज़ों को हौले से सुनते और दर्ज़ करते हैं। ...और सबसे बड़ी बात यह है कि उन आवाज़ों में इक पूरा जीवन घटते हुए देखते हैं, जो उनकी नज़्मों का विषय बनती हैं। वे कहते हैं– *'ज़हन में बँधी यादों को/आज़ाद करता हूँ/नज़्में लिखकर/या नज़्मों को क़ैद करता हूँ'* (एक सवाल)। इसी तरह यह मनोदशा भी पढ़नी चाहिए– *'मैं अब तक उस मौन को ढूँढ़ रहा हूँ/इसीलिए आज भी नज़्में लिख रहा हूँ'*। यह मोहित कटारिया की कवि–दृष्टि है, जिसमें एक

सर्जक मन या चिन्तक होने की सारी सम्भावनाएँ पूरी प्रखरता के साथ उसी तरह भाषा की ओर उन्मुख हैं, जिस तरह स्वयं शाश्वत को खोजने वाली एक सहृदय निगाह विचारों के सत्य की रोशनी से चौंधियाती है, बार–बार अचम्भित होती है।

इन कविताओं को पढ़ने से इस तथ्य को बल मिलता है कि कवि अकसर बेहद ग़ैर–पारम्परिक ढंग से विचारों के अमूर्तन को भाषा की सादगी से हल करने के जतन का हिमायती है। इस प्रयास में वह जीवन के मानवीय पहलुओं को सबसे उच्चतम कसौटी के रूप में देखता है और दुनिया भर के फ़रेब को झुठलाने के लिए किसी छोटी–सी युक्ति का इस्तेमाल करता है। 'बुद्ध से सवाल–जवाब', 'बच्चे तो फिर बच्चे होते हैं', 'अल्फ़ाज़ का भार', 'कुर्सी', 'दौर बड़ा सख़्त है ये', 'नज़्म और आँसू', 'सिक्का', 'पुकार', 'आग', 'इच्छा' और 'बूँद में धनक' जैसी बेहतरीन कविताओं को पढ़कर यह समझा जा सकता है। 'बूँद में धनक' की कुछ पंक्तियाँ देखने लायक हैं–*'और बरसने के बाद/कभी–कभी छिप जाती हैं/जैसे आँखों में अश्क़/ठीक वैसे ही जैसे/हर बूँद में छिपा होता है/थोड़ा सा धनक...'*। यह छोटे–से बड़े की ओर, धरातल से फ़लक की ओर तथा ज़मीन से आसमान की ओर देखने जैसा मामला है, जिसमें कवि कोई कौतुक नहीं रचता, बल्कि वह अपने अनुभवों की गाढ़ी जमा–पूँजी से एक बड़े प्रश्न का वितान रचता है। वह एक ऐसी परिस्थिति का मोह भी रचता है, जिससे निकलकर वापस अपनी दुनिया में आना जल्दी सम्भव नहीं है।

इन कविताओं का शिल्प बहती हुए नदी के मानिंद है, जिसमें सांसारिक ऐन्द्रियता और उससे छुटकारा पाने का सहज भाव दोनों ही एक साथ गुँथे हुए हैं। मोहित अपने कवि क़िरदार के बहाने उस अति नाटकीय और निहायत भौतिक समय को भी भेदने का हौसला रखते हैं, जिसके लिए उनके पास रुमान है, मगर कोई अतिरेकी भावुकता नहीं। वे अपने पाठक का हाथ पकड़कर उस दुनिया में लाना चाहते हैं, जहाँ से दुनिया कुछ भली–भली–सी लगती है। एक ऐसे दूसरे संसार में रमने की प्रक्रिया, जो अवधूतों, मलंगों, कलन्दरों और सूफ़ियों के यहाँ ही पायी जाती है। यह शहाना तबीयत लगभग हर दूसरी कविता में देखी, पढ़ी और टटोली जा सकती है। कवि

बड़ी चतुराई से भले ही अपनी बात को कच्चेपन की निशानदेही के तौर पर देखता है, मगर पढ़ने वाला यह जानता है कि दरअसल शायर का इरादा पूर्णता की ओर जाने के जादू से भरा हुआ है। 'कच्चे रंग' कविता ख़ुद ही इस बात की तरफ़दारी में खड़ी होती है। कविता में यह विचार आता है कि उसकी मासूम-सी नज़्म प्रकृति के कच्चे रंग को जान ही न सकी। जैसे प्रकृति के विराट को एक शायर छू पाने में अक्षम हो रहा हो। यही ख़ूबसूरती कवि को समकालीन कविता परिदृश्य से अलगाती है कि वे अपने युवा और नाज़ुक तेवरों के साथ उतने ही मासूम हैं, जितना कि कविता की भाषा, प्रकृति के खेल को समझने में मासूम होती है। यहाँ यह कहना भी बेहद ज़रूरी होगा कि कवि प्रकृति के बिम्बों और सादृश्य को बुनने में इतना माहिर है कि बारिश को व्यक्त करती कविताओं को पढ़ते हुए आप कुछ गीलापन महसूस करते हैं, तो सर्दियों को समझने में संग्रह के पन्नों को छूते हुए ठण्ड-सी लगती है और शाम और रातों की रहगुज़र बनने पर ख़ुद का साया भी साथ छोड़ता नज़र आता है। सात खण्डों में विभक्त सात तरह की मनोदशाएँ, सात तरह की हरारतें और सात रंग के सपने, इन कविताओं, ग़ज़लों और नज़्मों का क़िरदार बनते हैं। सब एक-दूसरे के साथ, एक-दूसरे के सुख-दुःख में शामिल। एक उत्सव, एक यात्रा, जो शुरू तो हुई है, मगर जिसका अन्त तय नहीं। अन्त कभी तय होना भी नहीं चाहिए...।

कविताओं में भाषा की रवानी, बिम्बों के सटीक चुनाव, समय और भूगोल की एक तान जुगलबन्दी, स्मृतियों की धूप-छाँहीं रंगोली और वर्तमान के निर्मम सत्य से अर्जित काव्य-विवेक द्वारा मोहित कटारिया ने अपने पहले ही संग्रह से एक धनकदार शुरुआत की है, जिसमें यह देखना चकित करता है कि ऐसी भाषा और संवेदना पाने के लिए उन्होंने कितनी रातें जागकर काटी होंगी। कितनी रातों को ग़ालिब और मीर के दीवानों को पढ़ने में खपाया होगा। हालाँकि वह गुलज़ार साहब के भी शिष्य रहे हैं और उनकी सोहबत में उन्होंने एक लम्बा अरसा तय किया है। उनका यह संग्रह, गुलज़ार परम्परा में एक नयी आवाज़ की तरह भी देखा जायेगा, क्योंकि गुलज़ार साहब की नज़्मों की छाया में कुछ

कविताएँ ओस सरीखी फुहार से भीगी हुई हैं। एक बड़ी परम्परा की पदचाप की आहट से मुतासिर इन कविताओं का हर सम्भव स्वागत होगा, ऐसा मेरा मानना है। मैं भले ही मित्र–भाव से उनकी कविताओं की भूमिका लिख रहा हूँ, पर यह कहना ग़लत न होगा कि वह मुझसे भी बेहतर शायर हैं। 'कच्चे रंग' ख़ूब पढ़ा और सराहा जाये और कवि–मित्र की यात्रा यशस्वी हो, ऐसी शुभकामनाएँ देता हूँ। उन्हीं की ग़ज़लों से जिन्हें, उन्होंने संग्रह में कुछ कच्चे–पक्के शे'र कहकर रखा है; एक शे'र सुनाकर यह संग्रह आप पाठकों के हवाले करता हूँ–

बुझती रात के आख़िरी मुहाने पर खड़ा हूँ मैं
सुबह तक जागने की ज़िद पे अड़ा हूँ मैं।

–यतीन्द्र मिश्र

दो शब्द

ख़ुश आमदीद!

अक्सर मन में ये सवाल उठता है कि कविता आख़िर है क्या? और उस सवाल के उठने का एक ख़ास कारण ये है कि मैं कभी भी औपचारिक तौर पर साहित्य का विद्यार्थी नहीं रहा और शायद इसीलिए अभी तक मुझे कविता की ऐसी कोई परिभाषा मिली नहीं है, जो हर तरह की कविता को, ख़ासकर अल्फ़ाज़ के बिना कही गयी या रची गयी कविता को भी परिभाषित कर पाये। सो मेरी समझ के हिसाब से, कविता वह है जो आपको छू जाये, कहीं गहरे में, और कभी आपको सोचने पर मजबूर करे और कभी वह एहसास महसूस करने पर जिन्हें आप जानबूझकर या अनजाने में नज़रअन्दाज़ करते आये हों। कभी वह आपको झकझोर दे, और कभी सहला दे। कभी नींदें उड़ा दे और कभी लोरी जैसा आराम दे कर सुला दे। अब वह कविता, कविता की शक्ल में भी हो सकती है और किसी तस्वीर, पेंटिंग, फ़िल्म या यहाँ तक कि एक कहानी की शक्ल में भी। कितनी बार ऐसा होता है कि कुछ ख़ूबसूरत देखते, पढ़ते या सुनते ही, बरबस मुँह से निकल जाता है, "It's so poetic" और ख़ूबसूरती का भी यहाँ सिर्फ़ एक ही अर्थ नहीं, है। कभी–कभी दर्द को भी इतनी ख़ूबसूरती से अभिव्यक्त किया जाता है कि वह कविताई हो जाता है। यूँ भी ख़ूबसूरती को देखने और परखने का सबका अपना–अपना नज़रिया और मापदण्ड होता है और इसीलिए ख़ूबसूरती की भी, कविता की तरह कोई एक परिभाषा हो पाना मुश्किल है।

और इस परिभाषा की अनभिज्ञता मेरे लिए एक बहुत बड़ा कारण है कि मैं पिछले चौबीस साल से लगातार कविता लिख रहा हूँ। एक तलाश है, अल्फ़ाज़ में छिपे मौन की, जिसमें मैं भटक रहा हूँ। कविता लिखना एक ऐसा सफ़र है, जो शुरू तो "स्वान्तः सुखाय" से ही हुआ, लेकिन धीरे–धीरे ये स्व से परे होता चला गया। धीरे–धीरे सार्वभौमिक अनुभवों को समेटने लगा, उन्हें अपना कर, महसूस कर, अभिव्यक्त करने लगा। चलते–चलते स्वार्थ ने ज़िम्मेदारी की शक्ल इख़्तियार कर ली और कविता घर–आँगन की चारदीवारी से उचककर बाहर झाँकने लगी और गली–कूँचों, शहरों, देशों और अनजान लोगों के तजुर्बे ख़ुद में समेटने लगी।

कविता मुझे हर एहसास को ठहरकर, महसूस करने के लिए प्रेरित करती है। कविता लिखना मेरे लिए कुछ–कुछ बुनाई करने जैसा है, जिसमें तरह–तरह के धागों से कोई न कोई लिबास बुनने की कोशिश करता रहता हूँ। वह धागा, एक तजुर्बा भी हो सकता है या एक वाक़िया या एक ख़याल या एक इमेज सिस्टम भर, कुछ भी। कभी–कभी ये धागे ऊन के होते हैं, कभी रेशम के, कभी सूत के और कभी टाट के। हर किसी धागे का अपना मिज़ाज है, अपनी फ़ितरत है, इसलिए बुनाई और रँगाई भी सबकी अलग–अलग ही हो पाती है। सो हर नज़्म की शक्ल, रंग–रूप और गरमाइश भी अलग–अलग ही निकलकर आती है।

गुलज़ार साहब की एक नज़्म है, 'सेल्फ़ मेड', हालाँकि उसमें वह एक डॉन के बारे में लिख रहे हैं, लेकिन उस नज़्म की आख़िरी चन्द पंक्तियाँ बिल्कुल मौज़ूँ लगती हैं, ख़ुद के बारे में–

एक पूरे सिस्टम का हाथ है
उसे बनाने में
और वो ख़ुद को 'सेल्फ़ मेड' कहता है।

कुछ ऐसा ही ख़याल है, जो ज़हन में आता है जब भी ख़ुद के कवि और लेखक बनने के सफ़र को थोड़ा ठहर कर देखता हूँ कि आख़िर यहाँ तक पहुँचा तो किस तरह? "सेल्फ़ मेड" होने के बावजूद, इसी तरह के किसी सिस्टम का हाथ रहा, जिसमें बहुत से लोग मिले, जिनके बिना मेरा यहाँ तक पहुँच पाना नामुमकिन था। इसलिए उन सबका तहेदिल से शुक्रिया अदा

किये बिना ये किताब आप लोगों की नज़र करना बेईमानी होगा।

सबसे पहला शुक्रिया गुलज़ार साहब का, जिन्होंने न केवल नज़्में लिखने के लिए प्रेरित किया, बल्कि लिखते रहने और पढ़ते रहने पर और भी अधिक ज़ोर दिया। उन्होंने लगातार पीठ थपथपायी और शायद उन्होंने मुझमें वह देखा, जो मैं ख़ुद नहीं देख पाया। इसीलिए जब एक रोज़ उन्होंने ही कहा, "मुझे लगता है, अब तुम तैयार हो," तो मानो उफुक पर कच्चे रंग फैल गये, भोर हो गयी। शुक्रिया सर।

अगला शुक्रिया, यतीन्द्र मिश्र का, जो मेरे हमनाम भी हैं। वह हिन्दी के प्रतिष्ठित कवि और हिन्दुस्तानी संगीत के बड़े समीक्षक और लेखक हैं और किसी भी परिचय के मोहताज नहीं हैं। ख़ुशनसीब हूँ कि उनकी मित्रता और सान्निध्य मिला। उन्होंने लगातार प्रोत्साहित किया और यहाँ तक कि इस किताब की भूमिका लिखने के लिए भी सहर्ष तैयार हो गये। उनके साथ के बिना इस मज़मूए का वजूद में आ पाना बहुत मुश्किल था।

पवन झा, जिनका शुक्रिया अदा करना असल में मुमकिन नहीं है मेरे लिए। मित्र, सखा, बड़े भाई, मार्गदर्शक और एक ईमानदार आलोचक की तरह–तरह की भूमिकाएँ इन्होंने मेरी ज़िन्दगी में निभाई हैं, और पिछले पन्द्रह सालों से लगातार निभा रहे हैं। उनके लिए कुछ समय पहले लिखा था–

इक साया है, जो मेरे जिस्म से बड़ा है
तसल्ली होती है ये सोचकर
कि कोई अँधेरों में भी मेरे साथ खड़ा है।

अशोक बिंदल जी, जिनसे मित्रता की बेबाकी मिलती रही है और घर के बुजुर्ग की सी सलाह। उनके स्नेह और आशीर्वाद के लिए उनका शुक्रिया।

बहुत से हमउम्र दोस्त और कवि हैं, जिनके साथ बरसों से नज़्में साझा कर रहा हूँ और उनकी नज़्मों से एक अन्दाज़ा भी लेता रहता हूँ कि मैं सही राह पर हूँ या नहीं। प्रेरक व्यास, अनिल जीनगर, विवेक सिंह और 'अंजुमन' के सभी साथियों का हमसफ़र बने रहने के लिए बहुत–बहुत शुक्रिया।

शुक्रिया फ़ैज़ अकरम और डॉ. निधि सिंह का, जिन्होंने इस

किताब में शामिल ग़ज़लें सुधारने में मदद की।

प्रदीप पानेरी, जिन्होंने उस समय में मेरी कल्पनाओं और लिखावट को दिशा दी, जब मैं कविता को समझने की शुरुआत कर रहा था।

और अन्त में वो लोग, जिनकी वजह से मैं हूँ। परिवार के लोग। पापाई, जो इस किताब को अब कभी पढ़ तो नहीं पायेंगे, लेकिन मैं इतना जानता हूँ कि उनका प्यार और आशीर्वाद मुझ पर उसी तरह बरसता रहेगा, जितना कि उनके रहते बरसता था। और मुझे पूरा यक़ीन है कि वह अभी जहाँ भी होंगे, यही सोच रहे होंगे, "वाह, बेटा जी वाह! मज़ा आ गया!" मम्मी, जिन्होंने वक़्त–वक़्त पर चेताया और रिश्तों की अहमियत समझाई। दोनों बड़ी बहिनें, डॉ. पूनम बजाज और डॉ. ममता गच, जिन्होंने बचपन में लगी इस चिंगारी को बचपना समझकर ख़ारिज नहीं किया। बड़े भाई पंकज, जिनके सान्निध्य ने अनगिनत तज़ुर्बे दिये।

कबीर और अनु, मेरे वह हिस्से, जो मुझमें अब इस क़दर शामिल हैं कि उनकी मौजूदगी आपको कई नज़्मों में बिखरी हुई दिखाई देगी। ज़िन्दगी को जीने और सहन करने लायक बनाने के लिए उनका शुक्रिया अदा नहीं किया जा सकता। बस उनके साथ भरपूर जिया जा सकता है, जिसकी कोशिश मैं हर रोज़ करता रहता हूँ।

इतने सालों से लगातार नज़्में लिखते–लिखते अब कुछ नज़्में इतनी पक गयी हैं कि परोसी जा सकती हैं। वही नज़्में हैं, जिन्हें छापने के लिए अदिति माहेश्वरी जी इतने प्यार से मान गयी हैं, उनका बहुत–बहुत शुक्रिया।

कच्चे रंग बहुत तरह के होते हैं। गुलाल के, फूलों के, तितली के पंखों के, भोर और साँझ के। हो सकता है कि कुछ नज़्मों के रंग भी सच में इतने कच्चे हों, जो आपके दिल को छू जायें तो फिर कभी न छूटें। उन्हीं कच्चे रंगों को बिखेरने के लिए ये नज़्में आपके सामने रखने की कोशिश की है। उम्मीद है, आप पर भी वे रंग बरसेंगे!

बैंगलुरू
मार्च 2019

–मोहित कटारिया

इश्क़ हक़ीक़ी

नूर की मद्धम लौ

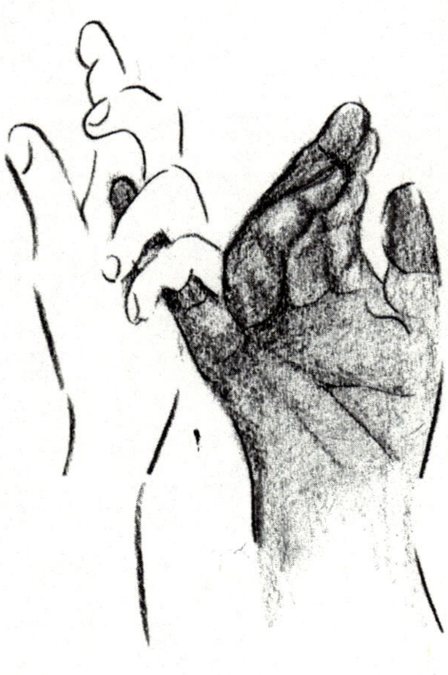

मैं और तुम

मैं जितना ख़ाली होता हूँ
तुम उतना भरते जाते हो
इसी को कहते प्रीत हैं या
तुम झूठ–मूठ भरमाते हो?

मैं जानता हूँ ये मेरी नहीं
ख़ुशबू जो फैली जाती है
मेरे अन्दर से भी शायद
आवाज़ तुम्हारी आती है
लुका–छिपी का खेल है या
नित स्वाँग नया रचाते हो?

मैं जितना ख़ाली होता हूँ
तुम उतना भरते जाते हो

तुम से बाहर तो कोई नहीं
हर स्पर्श, श्वास, ख़याल में हो
चंगा हो या फिर मन्दा हो
संग तो तुम हर हाल में हो
चुप–चुप रहकर के भी तुम
अपनी मौजूदगी जताते हो।

मैं जितना ख़ाली होता हूँ
तुम उतना भरते जाते हो...

लौ

जब 'लौ' जलती है
न धुआँ उठता है,
न आवाज़ ही होती है कोई
बस इक नूर होता है,
मद्धम–सा
जो ख़ामोशी से ख़बर देता है
रूह रौशन हो जाने की!

इच्छा

अक्सर एक इच्छा उठती है
कि काश!
कभी मिलें हम फिर से यूँ
बिल्कुल फुर्सत में,
बिल्कुल तन्हाई में,
कि बस हम दोनों ही हों,
और हम दोनों ही को
कहीं और जाने की
कोई जल्दबाज़ी न हो।

एक–दूसरे के साथ भी हों,
और पास भी
और... और कुछ नहीं हो
हम दोनों के ज़ेहन में,
न कुछ गुज़रा हुआ,
न कुछ ठहरा हुआ।

फिर से बैठें हम इत्मीनान से
उसी तरह से इक बार
जैसे बैठा करते थे तब
जब बनी थी ये कायनात
और
कोई तीसरा नहीं था,
हम दोनों के सिवा।

मगर जानता हूँ मैं
वो इब्तिदा लौट नहीं सकती अब
और तेरा–मेरा मिलना,
उस तरह से
मुमकिन है,
बस एक ही हालात में–
कि क़यामत का भी आख़िरी दिन हो
और... बस हम दोनों ही बचे हों,
चंद आख़िरी पलों के लिए।

शायद तभी,
मुलाक़ात हो पायेगी तुझसे
वैसे ही,
फिर से,
बिल्कुल फुर्सत में,
बिल्कुल तन्हाई में!

आग

लाल, सुनहरी, लपटों–सी नाचती हुई,
लहराती हुई
सितारों–जैसी–चिंगारियाँ बिखराती हुई
बड़ी ख़ूबसूरत लगती है आग।

कई बार मन करता है–
कर दूँ,
ख़ुद को इसके हवाले
पूरा–का–पूरा
मगर हिम्मत नहीं जुटा पाता हूँ
कि दर्द की सोच हमेशा
दर्द से बड़ी होती है।

अक्सर लगता है
कि आवाज़ें दे–दे कर बुलाती है
ये भी मुझे,
गले लगाने को
कि ये तो जानती है,
अच्छी तरह से
अपने सदियों के तज़ुर्बे की मार्फ़त
कि कोई और तरीक़ा नहीं है
होता ही नहीं है,
हुआ ही नहीं है,
कुन्दन हो जाने का.

और वक़्त की बेकरां रस्सी पे
एक नुक़्ते–सा मैं,
बस उलझा हुआ हूँ
अपने ही ज़रा–से तज़ुर्बे में,
सोचता हुआ कि ज़िन्दगी भर की कमाई है,
ये सोच–समझ मेरी।

इसीलिए शायद
अब तक खड़ा हूँ मैं
आग के दायरे से बाहर,
बस आँच नापता हुआ
और तकता हुआ एकटक,
ख़ूबसूरती उसकी।

इसीलिए
अब तक मिट्टी ही हूँ मैं
कुन्दन होना अभी बाक़ी है!

वहम

हक़ीक़त और वहम
के बीच है
एक बड़ा झीना—सा वक़्फा;
हक़ीक़त है ये
कि तुम नहीं हो कहीं,
और मैं जी रहा हूँ
इस वहम में
कि तुम बस गये हो
मेरे ही अन्दर कहीं।

हर पल लगता है
कि काश
ये हक़ीक़त वहम हो जाये
और वहम, हक़ीक़त!

सीमित–असीमित

जो हुआ है,
वो तो हो चुका है,
जो नहीं हुआ
बस वो ही तो बाक़ी है।

कितना सीमित है होना
और कितना विस्तृत
जो अभी होना बाक़ी है,
मगर धीरे–धीरे सीमित होता जाता है सब
जो भी अन्तहीन है,
विस्तृत है,
असीमित है।

सम्भावनाओं के असीमित ढेर में से
सच हो जाती हैं कुछ सम्भावनाएँ
और तय कर देती हैं कुछ सीमाएँ,
उन्हीं सीमाओं में से
फिर से निकलते हैं रास्ते कुछ
जो रचते हैं,
असीमित सम्भावनाएँ, फिर से।

जीवन शायद यही है बस,
सीमित–से–असीमित
और असीमित–से–सीमित तक का सफ़र

जो चलता रहता है तब तक,
जब तक कि चुक न जाये पगडण्डी
असीमित द्वार के पार वाली
और लग न जाये पूर्ण विराम
हरदम फैलती सम्भावनाओं पर।

तब,
बचती हैं बस कुछ सीमाएँ
और वो सब जो हुआ,
और रह जाता है बाक़ी सब,
जो हो सकता था !

दरवाज़ा–खिड़की

एक दरवाज़ा है ज़ेहन में
बाहर की जानिब खुलता है
ख़ुद ही ख़ुद से बातें करता
मुझसे मिलता–जुलता है।

और इक खिड़की भी है
अन्दर की जानिब खुलती है
न जाने हर बात क्यूँ इसकी
तुमसे मिलती–जुलती है।

बदन एक ही है लेकिन
रास्ते हैं दो
इक साँस के आने को
इक साँस के जाने को।

इन्तज़ार है तो बस
उस एक पल का
जब ये नहीं रहेंगे दो
और कुछ नहीं बचेगा, होने को।

पुकार

सन्नाटे की कई परतों के नीचे
दब गया हूँ मैं,
जहाँ से चाह कर भी
पहुँचा नहीं पा रहा हूँ
अपनी आवाज़ तुम तक।

चिल्लाता रहता हूँ
सुबह–से–शाम
शाम–से–रात
और फिर रात–से–सुबह तक;
मगर हर बार आवाज़ मेरी,
न जाने किन दीवारों से टकराकर
लौट आती है मुझ तक ही
और गूँजती रहती है
देर तक मेरे कानों में।

इक बार, तुम कोशिश कर के देखो,
इस बार, तुम पुकार के देखो मेरा नाम!

ख़ामोशी की आवाज़

शोर–गुल है बहुत हर तरफ़,
आवाज़ों की बेशुमार भीड़ है,
और बीचों–बीच खड़ा हूँ मैं;
एक आवाज़ खींचती है एक ओर
तो दूसरी कान पकड़ कर
ले जाती है दूसरी ओर।

हर पल दिशाएँ बदलता मैं
भटकता फिर रहा हूँ इस भीड़ में
और रह–रह कर कोशिश करता हूँ
कान बन्द कर के सुनने की
कोई एक ऐसी आवाज़,
जिसे सुनकर
समझ भी सकूँ मैं।

मुश्किल हो गया है बहुत,
लगभग नामुमकिन–सा हो चला है,
कुछ भी समझ पाना,
इसीलिए कभी–कभी यूँ लगता है
कि किसी दिन
दिमाग़ की नसें जब
झेल नहीं पायेंगी इन आवाज़ों का शोर
तो अचानक
इक धमाका होगा बस,

'धम्म'!!!
और अगले ही पल छा जायेगी ख़ामोशी
अनन्त, अपार,
ख़लाओं में मौजूद
ख़ामोशी।

तब ही शायद सुनायी देगी मुझे
अपनी ख़ामोशी की आवाज़;
और न जाने क्यों लगता है
कि उस आवाज़ में भी
छिपी होगी,
तुम्हारी ही पहचान।

मोहब्बत और इबादत

पूछूँ अगर–
हो सकता है क्या?
कि सारी की सारी हवा कमरे की
इकट्ठी हो जाये,
बस एक कोने में
और ख़ला हो जाये,
बाक़ी की जगह में?

कहोगे तुम–
नहीं, नामुमकिन है

मैं कहता हूँ–
आकर देखो कभी मेरे दिल में
बस एक ही कोना है
जहाँ यादें तुम्हारी साँस लेती हैं
और बाक़ी,
ख़ला हो चुका है सब।

कहते हैं न?
मोहब्बत और इबादत में
कुछ भी हो सकता है;
सच कहते हैं!

रेत–घड़ी में ठहरा हुआ वक़्त

जितने भी लम्हे,
तेरी ज़िन्दगी के
उधार हैं मुझ पे,
गुज़ारे हैं जो तूने
इन्तज़ार में मेरे,
जी करता है
ले के मुट्ठी में
सारे–के–सारे लम्हे वो
भर दूँ एक रेत–घड़ी में,
और जिऊँ सिर्फ़ तेरे साथ तब तक
जब तक वो रेत
फिसल कर गिर न जाये।

मगर उस रेत–घड़ी को
सीधा करके तेरे हाथ पे रखने से पहले
ले चलूँ तुझे वहाँ
जहाँ ग्रैविटी न हो!

परतें रिश्तों की

पर्दा–बेपर्दा जज़्बात

कायनात

कहते हैं कायनात बड़ी है बहुत,
बेकरां है,
अपार है,
हो भी सकता है, सच कहते हों;

इतना इल्म नहीं है मुझे,
मैं तो इतना जानता हूँ सिर्फ़
कि जब भी कभी कारण–अकारण
आ जाता है कोई आँसू
तेरी आँख के किनारे तक,
सारी दुनिया,
सारी कायनात
उस एक आँसू में अटकी मालूम पड़ती है मुझे।

छोटी–सी दुनिया है मेरी,
ज़रा–सी कायनात है।

माँ ख़ुशबू है

माँ ख़ुशबू है,
घर आयी है,
उम्र भर की महक
साथ लायी है;
तजुर्बे हैं
और क़िस्से कई
माँ तो एक है
पर हैं हिस्से कई;
कोई हिस्सा हँसता है
खिलखिलाता है
कोई चुप, ख़ामोश
बस आँखों में नमी लाता है,
चिन्ता रहती है उसे अब भी
देर से आता हूँ मैं जब भी
बातों–बातों में तजुर्बे छिड़क देती है
ग़लती हो कभी तो झिड़क देती है
जाने ये जादूगरी उसने
कहाँ से पायी है
माँ ख़ुशबू है,
घर आयी है!

ये क्या कर गये हो तुम

ये क्या कर गये हो तुम
मुट्ठी भर को ज़िन्दगी में आ कर।

यूँ तो नहीं कि लू थी तुमसे पहले
मौसम गर्म था ज़रूर,
मगर अब जो चले गये हो
तो बस उमस ही उमस है
न बरसे ढंग से, न बिखर ही पाये
न प्यास बुझ सकी, न जल पाया वजूद सारा
न जी भर के पी सकी तुमको
न भीग सकी पूरी की पूरी,
बस छिड़क लिया तुमको
ओक में भर के
पूरे बदन पर अपने,
गंगाजल छिड़क कर पावन होने की
रस्म निभाता हो जैसे कोई।

अब यादें तुम्हारी,
चिपक गयी हैं कुछ इस तरह ज़ेहन से
कि उतारूँ उन्हें, तो जिस्म ये छिलने लगता है
और बदन पे धीरे–धीरे
इक ताप लिपटने लगता है।

आख़िर ये क्या कर गये हो तुम,
मुट्ठी भर को ज़िन्दगी में आकर?

सिक्का

कई बार यूँ होता है
कि बहुत वक़्त गुज़र जाता है
इसी परख में
कि हाथ में आया हुआ सिक्का
खरा है या खोटा?

कभी इतना खरा लगता है
उसके सामने ख़ुद खोटे लगने लगते हो
और कभी इतना खोटा
कि झूठ का पैमाना हो जाता है।

इसी खरे–खोटे के खेल में
सिक्का तेरे रिश्ते का
छोड़ दिया था
वक़्त की गुल्लक में डाल के,
और भूल भी गया था उस पसोपेश को।

आज मगर अनजाने में जब
टूट गयी है वो गुल्लक मुझसे
तेरे रिश्ते का सिक्का
फिर से लुढ़कता हुआ हाथ आ लगा है;
खरा है या खोटा
अब भी नहीं जानता
मगर इतना जान गया हूँ

कि उस सिक्के की खनक
बरकरार है आज भी
और यही एक सच है,
जिसने बेमानी कर दिया है
खरे–खोटे के
उस पेचीदा सवाल को।

सफ़र

बचपन में गर लड़ पड़ते थे
या नाराज़ हो जाते थे,
किसी दोस्त से
फट से कुट्टी कर के
बात ख़त्म कर देते थे,
फिर न ज़ुबान साझी होती थी
और न ही टिफ़िन बॉक्स
अपने रस्ते, अपने बस्ते।

पर अब सब बड़े हो गये हैं,
ज़हीन हो गये हैं
नाराज़ भी होता है दोस्त कोई
तो कुट्टी नहीं करता
इशारे ढूँढ़ने पड़ते हैं—
जैसे, गले मिले कोई इस तरह
कि होमवर्क का मामूल निभा रहा हो;
या बात तो करे
पर आवाज़ का लहज़ा बदल जाये
जैसे किसी खिलौने की
बैटरी कमज़ोर हो गयी हो।

बड़ी मुश्किलें हो गयी हैं सच्ची, बड़े होकर!

डर

बहुत रोज़ बाद लौटा था मैं घर अपने,
ताला खोलकर
जब दरवाज़ा धकेला
तो इक सीलन भरे हवा के झोंके ने
एतराज़ के साथ इस्तिक़बाल किया,
मानो ख़लल डाल दिया हो
उसके लम्बे सुकून में मैंने।

इसीलिए डरता हूँ
बरसों से अनछुए,
कुछ रिश्तों को छेड़ने से;
सोचता हूँ–
गुज़रे वक़्त के साथ हो ना गये हों
वो भी सीले–सीले–से
और कहीं कर न बैठें एतराज़
उनके लम्बे सुकून में
ख़लल पड़ने के कारण।

एक बात बताओ

('शोना' को पहली बार डाँटने के बाद)

अक्सर देखा है मैंने आपको
दुआ में हाथ उठाकर,
सजदा करते हुए;

और कभी–कभी मुझे बहलाने को
बातों–बातों में हाथ उठाकर
चाँद–तारे तोड़ लाते हुए;

या कभी कोई जश्न मनाने को
एक हाथ उठाकर
अपनी ही धुन में नाचते–गाते हुए।

और आज अचानक
इक ज़रा–सी बात पर
मुझ पर हाथ उठा दिया;

ऐसा करते तो आपको
कभी नहीं देखा था मैंने।

इक बात बताओ, पापा
क्या अब भी कर पाओगे कोई पाक दुआ,
तोड़ पाओगे कच्चे चाँद–तारे,

और नाच पाओगे
अपनी ही ख़ुशी में,

उसी मासूमियत से
अपना एक हाथ उठाकर,
मुझ पर हाथ उठाने के बाद?

अतीत की ख़ुशबू

कभी–कभी कोई भूली–बिसरी ख़ुशबू
मिल जाती है,
बरसों बाद किसी मोड़ पर
और हाथ पकड़कर ले जाती है
पढ़वाने के लिए,
अतीत की किताब के
पीले पड़ चुके,
ख़स्ता हाल पन्ने।

ताज्जुब होता है देखकर
पन्ने तो पीले पड़ गये हैं, लेकिन
उन पर लिखे अल्फ़ाज़
अभी तक ताज़ा हैं,
नसों में वो ख़ुशबू,
नज़रों में अतीत के क़िस्से भर के,
आँखें बन्द करूँ तो लगता है
मैं अतीत हो गया हूँ फिर से।

कुछ देर बाद मगर
एहसास धुँधला होने लगता है,
जब धीमी पड़ जाती है वो ख़ुशबू,
जो बिखर जाती है हवा में
और छोड़ जाती है मुझे फिर से

उसी मोड़ पर
जहाँ से उसने थामा था मेरा हाथ;

वो तो ग़ुम हो जाती है मगर
मैं लिपटा रहता हूँ देर तलक,
अतीत के पन्नों पर बिखरे
उन सूखे रिश्तों की ताज़ा ख़ुशबू में।

एक संवाद

मैंने पूछा–
"क्या जज़्बात हैं ये
जो तुम कह नहीं सकतीं जुबाँ से
मगर बह रहे हैं तुम्हारी आँखों से
और चुप है बाक़ी सब–
सब ओर,
सब कुछ।"

उसने कहा–
"मुमकिन नहीं है कह पाना,
इन जज़्बात को अल्फ़ाज़ में,
इल्म है न तुम्हें भी तो,
कुछ पौधे सिर्फ़ पानी में ही साँस लेते हैं।"

अल्फ़ाज़ का भार

अल्फ़ाज़ में नहीं होता है भार कोई
वो तो होते हैं बिल्कुल हल्के–फुल्के
तैरते रहते हैं, तभी तो हवा में
यहाँ से वहाँ,
वहाँ से यहाँ,
मुझसे तुम तक
तुमसे मुझ तक।

मगर कभी–कभी उठाना पड़ता है उनको
इतना बोझ जज़्बात का
कि खो बैठते हैं अपना सन्तुलन
अपनी असली शक़्ल,
अपने सीधे–सच्चे मानी सब;
और जब पहुँचते हैं
तुम तक या मुझ तक,
ना–क़ाबिल–ए–पहचान हो जाते हैं,
फिर मासूम भी नहीं लगते,
न कुछ बता पाते हैं
न कुछ जता पाते हैं।

बस,
कामगार मज़दूरों की तरह
ढोते रहते हैं बोझा जज़्बात का,

वहाँ से यहाँ,
यहाँ से वहाँ,
वो बोझा
जिसकी तब किसी को
कोई दरकार नहीं होती!

स्ट्राइपी (टाइगर–फिश)

स्ट्राइपी (टाइगर–फिश) का एक जोड़ा था,
घर में रखे फिश–टैंक में।

एक सुबह जागे तो देखा
अकेली तैर रही थी उनमें से एक,
निकाल के फेंकना पड़ा उसे,
जो तैरना भूल गयी थी।

चुपचाप तैरती रही एक अकेली स्ट्राइपी,
पर शाम होते–होते
धारियाँ फ़ीकी पड़ गयीं उसके बदन की,
इतनी फ़ीकी,
मानो मौजूद ही न हों।

एक और ज़िन्दा स्ट्राइपी को लाकर बाज़ार से
जब डाला फिश–टैंक में,
चन्द ही पलों में लौट आयीं
सारी–की–सारी धारियाँ,
उस अकेली स्ट्राइपी के बदन पर।

जानती हो,
तुम जब भी दूर होती हो मुझसे,
मेरा भी हाल होता है,
उस अकेली स्ट्राइपी जैसा ही।

वक़्त के बेकरां समन्दर में बहता
मछलियों का एक जोड़ा ही तो हैं,
हम दोनों भी,
है न?

रात, नींद और ख़्वाब

परछाइयाँ अँधेरों की

काली चादर

रात की काली चादर में जो
छोटे–छोटे छेद हैं सब,
छन–छन कर जिनमें से
कोई रौशनी आती है,
जाने कौन है दूजी ओर
जो इतनी रौशनी रखता है।

रौशनी सबकी अलग–अलग
रंग भी उनका जुदा–जुदा
फिर भी कुछ तो है उनमें
जो इक जैसे–से लगते हैं
इक–दूजे से दूर हैं पर
इक ही माँ के जाये लगते हैं।

रात की काली चादर में जो
छोटे–छोटे छेद हैं सब।

रात–एक बुढ़िया

रात बेचारी,
हाँफती हुई एक बुढ़िया–सी लगती है,
चलती है जो बहुत धीरे–धीरे
कि चलना लाज़िमी है
रुकने का हुक्म नहीं है उसे।

चलते जाना है जिसे
दुनिया के एक कोने से, दूसरे कोने तक
बार–बार, लगातार,
ठहरने की इजाज़त ही नहीं है उसे।

सब चलते हैं दिन में
आराम करते हैं, रात में रुक के
ये बुढ़िया भी सदियों से
चलती–चलती सोचती होगी–
    क्या कोई ऐसा दिन होगा
    या कोई ऐसी रात होगी
    जब मैं भी रुक के, रात भर
    कहीं आराम करूँगी?

सुकून

नींद जब कभी हो जाती है ओझल
और देर तक बिस्तर पर
करवट बदलने के बाद भी
पलकें हो नहीं पाती हैं बोझिल;
रात की ख़ामोशी में
सुनायी देती हैं चंद आवाज़ें मुझे।

ख़ूब पहचानता हूँ उन आवाज़ों को,
वो अलमारी में पड़ी क़िताबों में
साँस लेती तेरी नज़्मों की आवाज़ें,
जिनके साथ फिर बहुत देर तक
बतियाता रहता हूँ,
फिर उन्हीं को बिछाकर, ओढ़कर,
लेकर आग़ोश में,
न जाने कब सो जाता हूँ।

कभी–कभी यूँ भी तो होता है,
ख़ामोशी से ज़्यादा सुकून,
कुछ आवाज़ों में होता है।

मिलना–बिछुड़ना

मिल सकते हैं
और मिल भी जाते हैं कभी–कभी
अनजान रास्तों से गुज़रते हुए भी
जाने–पहचाने लोग कुछ
जो बिछुड़ गये थे
पिछले किसी मोड़ पर कहीं।

वो लोग मगर
जो बिछुड़ जाते हैं
मिलकर बस ख़्वाबों ही में
वो फिर कभी नहीं मिलते,
कहीं नहीं मिलते!

कमाल

(बोस्कियाना में एक दोपहर)

तुम भी न बस,
कमाल करते हो!

बिछा के एक आसमान पूरा
खींच दी शाम की, धुँधली–सी चादर उस पे
फिर लिए मुट्ठी में चंद तारे
और छिड़क दिये उस चादर पर
जैसे टोस्ट पर पड़ी चीज़ स्लाइस पर
कुतरे हुए प्याज छिड़कता है कोई,
और परोस दिया
पूरा फ़लक मेरे सामने
ये कहकर–"चख कर देखो!"

यूँ ही क्या किसी को
पूरी कायनात परोस देता है कोई, भला?

तुम भी न बस,
कमाल करते हो!

नींद का दरवाज़ा

नींद का दरवाज़ा
जिस सुबह खुलता है
एक नज़्म की दस्तक से
दिन वो
दिन भर
रौशन–रौशन–सा गुज़रता है।

एक छोटा–सा ख़्वाब मेरा

एक छोटा–सा ख़्वाब मेरा,
मेरे तकिए को कह के गुड नाइट
सो गया है बगल में मेरी।

और मैं
रात के दूसरे पहर में
जेट लैग से जूझता हुआ
अधखुली, उनींदी आँखों से
देख रहा हूँ
उसके मासूम चेहरे को,
और सोच रहा हूँ–
    जाने कब वो ख़्वाब जागेगा,
    जाने कब सुबह अपनी आँखें खोलेगी,
    जाने कब मुझे नींद आयेगी!

अब मैं सिर्फ़

अब मैं सिर्फ़
ख़्वाबों में रोता हूँ।

कुछ चेहरे
जो अब हक़ीक़त में दिख नहीं सकते
उनके नक़्श उकेरता हूँ
अपनी नींदों में
और बतियाता हूँ रात–भर उनसे
अजीब–ओ–ग़रीब–सी भाषा में
कि जानता नहीं हूँ भाषा
उस जहान् की मैं
और ये भी नहीं जानता
कि क्या याद होगी उन्हें अब तक
भाषा इस जहान् की?

इसी उधेड़बुन में
करवटें बदलते हुए नींद के आग़ोश में
मैं हर रात उसी सूने बिस्तर पे सोता हूँ,
और हाँ,
अब मैं सिर्फ़
नींदों में रोता हूँ!

ब्लैक होल

हर सितारे की होती है एक उम्र
जिसका अन्दाज़ा लगाते हैं साइंसदां
उस सितारे की रौशनी से
जो करोड़ों–अरबों मीलों का सफ़र तय करके
पहुँचती है ज़मीं तक।

और ये भी कहते हैं वो–
        जब उम्र पूरी हो जाती है किसी सितारे की
        वो टूट कर गिर जाता है,
        और मिल जाता है जाकर
        अपने सबसे पास के किसी 'ब्लैक होल' में।

'ब्लैक होल' भर कर आग़ोश में उसे
छिपा लेता है ज़माने भर की नज़रों से,
वो सितारा फिर नज़र नहीं आता।

कुछ सितारे टूट जाते हैं यूँ ही
इस ज़मीं पर से भी,
उनकी उम्र की मियाद पूरी होते ही;
न जाने कौन से 'ब्लैक होल' में
जाकर मिल जाते हैं वो
फिर वो भी कभी नज़र नहीं आते।

आधा जहान्

रात फैली रहती है
हर वक़्त
आधे जहान् पर,
ढके रखती है आधा जहान्,
रोके रखती है सूरज की रौशनी
अपनी हथेली से।

रात है,
शाप लिये हुए अप्सरा जैसे कोई
ख़ूबसूरत भी है,
ख़ौफ़नाक भी,
न रुक सकती है, एक जगह पर
न फैल सकती है, हर जगह पर।

हिस्से में उस के बस
आधा ही जहान् है।

जुगत

सोचा था
कोना पकड़ के
'माही' के आँचल का
गुज़र जाऊँगा इस रात से
इस के पूरी तरह स्याह होने से पहले।

मगर
चंद क़दम चल के एहसास हुआ–
वो कोना
जो पकड़ के चल रहा था मैं
उसी स्याह रात के आँचल का था,
जिससे बचकर निकलने की
जुगत में था मैं!

बारिशें और धनक

सौंधी–सौंधी ख़ुशबू के रंग

बारिश की ख़ुशबू

सौंधी–सौंधी लगती है
मौसम की पहली–दूजी बारिश की ख़ुशबू,
ज़मीं का गला तर होने लगता है,
पत्तों की ख़ुश्की दूर होने लगती है,
और आसमां भी धुला–धुला–सा लगता है।

यही बारिश मगर
जब बरसती है लगातार,
दिनों–दिन
तब ज़मीं छलकी–छलकी–सी रहती है,
पत्ते गले–गले–से होने लगते हैं,
जी भरा–भरा–सा रहता है, बादलों का भी,
जो बरसते रहते हैं जब–तब
और भिगोते रहते हैं पूरे माहौल को।

तब बारिश की ख़ुशबू कहीं नहीं होती
हर ओर होती है तो बस,
सीलन की बू;
ख़ुद को छूना तक नहीं सुहाता है
घर का कोई भी कोना नहीं भाता है।

बारिश ख़ुशगवार लगती है,
जब कभी–कभी बरसती है,
तुम भी कह दो न अपनी आँखों से
वो कभी–कभार ही बरसा करें!

सतरंगी दोस्त

बचपन के दिनों की बात है,
कुछ धुँधली–धुँधली–सी याद है,
कभी–कभी तेज़ बारिश के बाद
जब निकलती थी ठण्डी–मीठी–सी धूप,
तो सतरंगी इक दोस्त मेरा
खेलने निकल आता था,
आकाश के आँगन में अक्सर
अपनी माँ का हाथ छुड़ाकर।

रोज़गार के सिलसिले में
मैं यहाँ आ गया हूँ,
शहर में
अपने उस दोस्त को
वहीं गाँव में छोड़कर।

अब जब भी कभी
होती है तेज़ बारिश यहाँ
और निकलती है हल्की–हल्की–सी धूप
सतरंगी–सा वो दोस्त मेरा
मुझे बहुत याद आता है।

माँ भी फ़ोन पे कहती है,
वो भी उदास दिखता है बहुत,
जब भी नज़र आता है।

थप्पी

यूँ ही चुपचाप अकेला खड़ा था मैं
इक शाम
इक कोने में बालकोनी के
जब अचानक
आ के चूम लिया
बारिश की हल्की–सी फुहार ने
बड़ी ख़ामोशी से,
जैसे खेल रही हो छुपन–छुपाई
वो मेरे साथ
और आकर थप्पी कर दी हो
ढूँढ़ कर मेरे ही घर में मुझे!

बादलों–से दिन

दिन कुछ ऐसे गुज़रते जा रहे हैं
जैसे छत पर से होकर
बादल उड़ते जा रहे हों;
दूर से देखूँ तो,
धीरे–धीरे चलते–चलते
दबे पाँव वो आते हैं, चले जाते हैं,
कोई–कोई बादल आकर बरस भी जाता है
छत, दीवारें, मुँडेरें सब गीली–सीली कर जाता है
टेढ़ी–सीधी, पानी–मिट्टी की लकीरें
बनती रहती हैं,
मिटती रहती हैं,
कुछ–कुछ रह भी जाती हैं,
बस ऐसे ही,
जैसे कोई–कोई दिन
कोई ख़ास ख़बर लाता है
तो 'डायरी' में दर्ज़ हो जाता है,
टूटे–फूटे, आड़े–टेढ़े अल्फ़ाज़ की सूरत में
इक नज़्म में आकर सो जाता है।

दिन गुज़र जाता है,
बादल बरस जाता है,
पानियों के निशां मगर
पीछे छोड़ जाता है।

बूँद में धनक

बारिश की हर इक बूँद में
छिपा होता है, एक धनक
और थोड़ा–सा फ़लक,
जो बिखर जाता है
रंग–रंग, बूँद–बूँद
हवाओं में आँखें मूँद।

ये छोटी–छोटी बूँदें
जो बारिश बरसाती हैं
ये बूँदें सब जानती हैं
मगर
बस बादलों का कहा मानती हैं,
मेरे–तुम्हारे कहे से
न आती हैं,
न जाती हैं।

और बरसने के बाद
कभी–कभी छिप जाती हैं
जैसे आँखों में अश्क़,
ठीक वैसे ही जैसे
हर बूँद में छिपा होता है
एक धनक
और थोड़ा–सा फ़लक।

ख़्वाब के परे

कल रात की पूरी नींद
गुज़री थी भीगते हुए
तेरे इक ख़्वाब में;
और तेरा ख़्वाब
निकल कर नींद से
बरसने लगा था सुबह–सवेरे
बारिश बनकर
हर इक शह पर।

सुबह बड़ी ही ख़ुशगवार थी आज
आया करो न कभी–कभी यूँ ही
ख़्वाब में भी
ख़्वाब के परे भी!

बारिश रात की–1

बारिश रात की
दिखायी नहीं देती,
सुनायी देती है, बस।

कहीं पत्तों, पेड़ों, झाड़ियों पे गिरती हुई
किसी पत्थर, तालाब, रास्ते पे बरसती हुई
किसी फाइबर, टिन के छज्जे पे टपकती हुई
बूँद–बूँद टकराती रहती है
और अपना ही मल्हार सुनाती रहती है।

ये जो बारिश है न रात की
अच्छा है, दिखायी नहीं देती
इसीलिए इतनी साफ़ सुनायी देती है।

बारिश रात की–2

ये जो बारिश है न रात की
दिखायी तो नहीं देती
मगर सुनायी देती है जब भी,
करवट बदलते गुज़रती है
वो पूरी रात फिर।

नींद नहीं लगती है
बस सिसकियाँ गूँजती रहती हैं
रात के सन्नाटे में
और आँखें तुम्हारी
न जाने कब तलक बरसती रहती हैं,
और भिगोती रहती हैं मेरी नींदें सारी।

और तुम कहती हो मुझसे
कि मैं सो जाऊँ बस,
ख़ुद ही बताओ,
गीले तकियों पे भी कभी
नींद आती है क्या?
भीगी नींदों में भी कभी
ख़्वाब आते हैं क्या?

नींद, ख़्वाब और बारिश

इस टपकती छत के नीचे
पूरी रात गुज़ारी है मैंने,
मेरी नींदें गीली हो गयी हैं
और ख़्वाब वो सब
जो देखे थे दिन भर
जागती आँखों से,
बह गये हैं
बारिश के पानी के साथ
बाहर बहती गन्दी नालियों में।

अब दस्तक दे रही है
रौशनी चौखट पर,
रिस रही है
छत की दरारों में से होकर
और कोशिश कर रही है
मुझे नींद से जगाने की;
उस नींद से
जो रात भर
नसीब ही नहीं हुई मुझे!

कोशिश

सूखता ही नहीं है आजकल
आसमां पल भर को भी
छींटे–छींटे गिरते रहते हैं,
भिगोते रहते हैं कोना–कोना।

न धूप आयी है कई दिन से
न रौशनी फैली है ढंग से
छाये रहते हैं हर वक़्त
घुटे–घुटे से काले बादल।

क्या बात है आख़िर
क्यूँ इतनी ख़ामोश हो तुम
इक बार तो करो कोशिश
खुल के बरस जाने की।

शायद फिर साफ़ हो जाये मौसम
सूख जाये ये आसमान कुछ।

सीलन

कुछ रोज़ से
बारिश हो रही है बहुत
कभी धीमी, कभी तेज़
पर लगातार,
साइक्लोन है कोई बंगाल की खाड़ी में
जिसने लगा रखी है झड़ी
इस बेमौसम बरसात की।

घर के बाहर, हर इक शह
हो गयी है गीली–सीली–सी
धुले हुए कपड़े भी
सूख नहीं रहे हैं दिनों–दिनों तक
खिड़की–दरवाज़े खोलो
तो सीले–सीले हवा के झोंके
इस्तिक़बाल करते हैं,
घर आना चाहते हैं शायद।

लेकिन बन्द रखने पड़ते हैं
दरवाज़े और खिड़कियाँ
कि फुहारें आती हैं
तो सीलन आ जाती है
घर के अन्दर तक;
और धीरे–धीरे छूने लगती है
एक–एक चीज़ को,

'शोना' के किसी
शैतान दोस्त की तरह।

कुछ चीज़ों पर तो असर नहीं होता कोई
कि पोंछा और रख दिया फिर से
मगर
कुछ चीज़ें बड़ी नाज़ुक होती हैं घर में
जैसे... जैसे नमक
हाँ, नमक को ज़रा–सा भी छू ले सीलन
तो वो घुलने लगता है,
नमक में पानी हो जाता है,
और कहीं ज़्यादा छू ले उसे सीलन
तो नमक पानी हो जाता है।

ऐसा ही तो होता है रिश्तों में भी,
रिश्तों को गर छू ले सीलन
तो पानी बनता है,
और वो पानी बूँद–बूँद रिसता है
और नमक उस पानी में
बहुत धीरे–धीरे घुलता है।

सीलन,
न नमक में अच्छी होती है,
न रिश्तों में
दोनों को पानी कर देती है,
इसीलिए बन्द हैं
दरवाज़े और खिड़कियाँ घर के
और बाहर,
बारिश हो रही है, लगातार!

नज़्में नज़्मों की

पन्नों के दूसरी ओर से

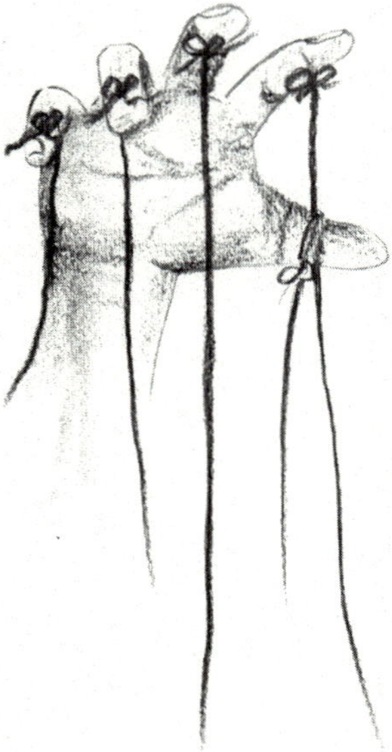

मौन

एक काग़ज़ है
जिस पे लिखी है एक नज़्म,
नज़्म में
कुछ अश'आर हैं
हर इक अश'आर में
हैं चंद अल्फ़ाज़,
उन अल्फ़ाज़ में
बँधीं हैं उनकी आवाज़ें
और उन आवाज़ों के बीचों—बीच
छिपा है इक अनन्त मौन।

मैं अब तक उस मौन को ढूँढ़ रहा हूँ
इसीलिए,
आज भी नज़्में लिख रहा हूँ!

नज़्म एक कठपुतली

कुछ नज़्में लगती हैं
एक कठपुतली–सी,
अलग–अलग हिस्सों में बँटी हुई
मगर हर एक हिस्से में
किसी–न–किसी धागे से बँधी हुई।

कोई मिसरा खिंचता है,
तो नाच उठती है;
ज़ोर पड़ता है किसी लफ़्ज पे
तो उठती है, सलाम मारती है;
सुर ऊँचा कर के
कभी–कभी नारा भी लगाती है।

ढीले पड़ जाते हैं धागे
गर खींच के, कस के न रख सकूँ
गिर पड़ती है, ज़मीन पर
जैसे रूठ गयी हो,
कैकेयी की तरह,
मैं फिर से उठाने की
मनाने की मशक़्क़त में
खींचता हूँ, अलग–अलग धागे
कि कोई तो नक़्श उभरे
कोई तो शक़्ल सामने आये,
मगर कामयाब होना हर बार

कहाँ मुमकिन हो पाता है?
और नाकामयाब होता हूँ जब भी
तो हैरान होता हूँ
काग़ज़ पे बिखरे धागे देखकर
कि कठपुतली कौन है आख़िर?

नज़्मों की सीवन

सीवन उधड़ रही है
नज़्मों की मेरी,
बदन उधड़ने लग गया है,
और रिसने लगे हैं,
हर्फ़ों में सिले ज़ख़्म;
ख़ामोशी से सिसक रहे हैं
मानी भी सब के सब;
उधड़ती नज़्मों से गिर रहे हैं जज़्बात
होंठ भींच कर अपने;
जानते हैं
आजकल बड़ी जग–हँसाई होती है
दर्द को आवाज़ मिल जाती है अगर।

इसीलिए कोशिशों में हूँ,
नज़्मों की आबरू बचाने की,
सिलता जा रहा हूँ पैबन्द–पे–पैबन्द,
और नज़्में किसी फ़कीर का
पैरहन–सा लगने लग गयी हैं।

सीवन उधड़ रही है
नज़्मों की मेरी...

अफ़रा–तफ़री

फिर वही,
क़लम उठाई नहीं
कि ख़याल होड़ करने लगे
एक–दूसरे से आगे निकलने की
ताकि बिखर सकें
ज़ेहन से निकलकर,
क़लम से होते हुए
इस कोरे काग़ज़ पर।

महसूस कर सकता हूँ
ज़ेहन में, जंग ख़यालात की
जो खींच कर एक–दूसरे के हाथ–पाँव,
चिल्ला–चिल्ला कर कहते हैं–
"मुझे लिखो, मुझे लिखो, मुझे, मुझे"

अफ़रा–तफ़री–सी मच जाती है
कभी–कभी क़लम उठाते ही;
कभी–कभी नज़्म लिखना
यूँ मुश्किल कर देते हैं ख़याल मेरे।

वहम
(अनु के लिए)

अक्सर ये वहम होता है
कि जो तस्वीरें हैं तेरी
उनमें जो रंग भरे हैं तूने
उनमें मानी मैंने डाले हैं;
और जो नज़्में हैं मेरी
उनमें जो अल्फ़ाज़ लिखे हैं मैंने
उनकी लकीरें तूने खींची हैं।

शायद यही कारण है,
तेरे हर कैनवास पे
लिखी नज़र आती हैं मुझे नज़्में अपनी;
और मेरी डायरी के पन्नों में
ज़िन्दा किरदार महसूस होते हैं मुझे
तेरी तस्वीरों के।

जब भी कभी पढ़ता हूँ तेरे कैनवास पे नज़्में
या देखता हूँ अपनी डायरी में तस्वीरें
तो हैरान होता हूँ बहुत,
ये सोचकर
कि हम दोनों में से आख़िर
शायर कौन है?

नज़्म और आँसू

एक दिन यूँ ही कहा था मैंने–
          आँसू दिखते हैं मुझे कहीं
तो इक नज़्म ख़ुद–ब–ख़ुद
आ मिलती है मुझसे।

मेरी इस बात को उस दिन
सुना कुछ इस तरह उसने,
उसकी आँखें मुझे तब से,
हमेशा नम ही लगती हैं।

एक सवाल

अक्सर सोचता हूँ
कि ज़ेहन में बँधी यादों को
आज़ाद करता हूँ
नज़्में लिखकर;
या नज़्मों को क़ैद करता हूँ
कोरे काग़ज़ों पे
कि फिर कभी वो,
जा न सकें
मुझे अकेला छोड़कर?

सवाल ये मेरा,
आज तक बरकरार है!

भीगी नज़्म–1

उस शब को जब आख़िरी बार
तुमसे विदा ले रहा था मैं,
और दस्तूरन ही मिलाई थीं मैंने नज़रें तुमसे
तुम्हारी आँखों में तैरती हुई
इक नज़्म दिखायी दी थी मुझे।

कई बरस बीत गये
गुज़रे हुए उस शब को लेकिन
अभी तक लिख नहीं पाया हूँ
उस नज़्म को
अपनी डायरी के पन्नों पर।

कई बार कोशिश की
कि पूरी की पूरी नज़्म लिख डालूँ;
वो हिस्सा भी
जो पढ़ लिया था मैंने;
और वो भी,
जो छिपा लिया था तुमने।

पर कभी कामयाब नहीं हो पाया,
हर बार भीग जाते थे पन्ने
तेरी नज़्म के अल्फ़ाज़ से।

तेरी उस नज़्म में
बहुत नमी थी, सचमुच!

भीगी नज़्म–2

स्याही फैलती जाती है
हर एक लफ़्ज़ की,
रखता जाता हूँ
जैसे–जैसे काग़ज़ पर उसको।

कभी नुक़्ता कोई जाकर
गले लग जाता है,
पास खड़ी किसी लाइन के;
कभी किसी 'भ' की अधूरी लाइन
तय करती है,
वक़्फा बीच का,
'म' बना लेती है;
कभी कोई ख़ाली–सा लफ़्ज़ 'व' जैसा
अचानक भर उठता है,
'ब' हो जाता है।

न अल्फ़ाज़ सलामत बचते हैं
और न मानी उनके
कौन जाने
ये काग़ज़ गीला है
या नज़्म मेरी
या कि बस आँखों ही में पानी है।

कच्चे रंग

कुछ नज़्मों के रंग
कच्चे होते हैं बहुत,
तितलियों के रंगों जैसे।

रह जाते हैं
अँगुलियों के पोरों पर
लिखते हुए उन्हें;
या आँखों के डोरों में
फिर से पढ़ते–सुनते–सुनाते हुए कभी।

कभी नज़्म लिखा काग़ज़
गिर जाये हाथ से
और गोद में गिरे औंधा,
तो लिबास पे भी
पड़ जाते हैं छींटे कुछ।

कुछ नज़्मों के रंग
सच में बहुत कच्चे होते हैं,
जो फिर उतरते नहीं हैं ज़ेहन से
कई–कई रोज़ तक!

तारीख़ों में नज़्में

कुछ तारीख़ों में,
छिपी होती हैं नज़्में,
कुछ कहानियाँ और क़िस्से भी;
जो तारीख़ की इबारत में लिखी
आड़ी–तिरछी लकीरों में
दबे पड़े रहते हैं,
दस्तक देते हुए,
लिखी हुई तारीख़ के नीचे से।

आज ही की तारीख़ थी वो भी
कई बरस पहले
जब पहली बार बिछुड़े थे हम
और ऐसी ही तारीख़ थी कोई
जब आख़िरी बार मिले भी थे।

तब से,
बस इन चंद तारीख़ों ही में
क़ैद हो के रह गयी हैं
मेरी नज़्में, क़िस्से–कहानियाँ सब।

तारीख़ लिख लूँ कभी
ख़ाली कागज़ के एक कोने पर
तो वो सब दस्तक देने लगती हैं,
आज़ाद होना चाहती हैं;

घबराता हूँ मगर,
उन्हें आज़ाद करने में,
तुम्हें आज़ाद कर के देख चुका हूँ एक बार,
दर्दनाक है बहुत, सच में।

फिर भी
आज एक बार फिर से
आज़ाद कर दिया है मैंने
अपनी एक और नज़्म को
तुम्हें याद करते हुए।

बड़े एहतियात से
धीरे–धीरे उठायी हैं मैंने
सारी लकीरें इस तारीख़ की
ठीक वैसे ही
जैसे धीरे–धीरे अलविदा कहा था तुम्हें
आख़िरी बार, कई बार मैंने!

वक़्त में ठहरे हुए पल

और कुछ सवाल–जवाब

अधूरी ख़बरें

हर ख़बर अधूरी है–
गिना और छाप दिया
कितने पेड़ गिरे हैं
कल रात की बरसात में;
साथ में उजड़े कितने आशियाने
न गिना किसी ने, न छापा।

कितने परिन्दों की सुबह
हुई आज नयी इक शाख पर
कितने जल्दी–जल्दी में
भूल गये, साथ में लेना अपने पर;
कितने बच्चों के पर
खुलने से पहले
बन्द हो गयीं आँखें उनकी
और कितने अंडे टूट गये
चिटक कर नहीं, गिर कर।

जानते तो हैं सब
कि बस घास–फूस से नहीं बनते हैं घरौंदे
हौसला और उम्मीदें हैं
जो बाँधे रखती हैं उनको;
कहाँ गिना किसी ने
घरौंदे जितने भी बिखरे,
परिन्दे कितने थे उनमें

जो साथ में बाँध के ला पाये
हौसला अपने परों पर,
फिर से शुरुआत करने का
इक नये पेड़ पर
इक नयी शाख पर।

और यहाँ
इक ज़रा सी ख़बर छापी है,
कितनी ख़बर अभी बाक़ी है।

शहर में घर

गली के मोड़ पर
ख़ाली प्लॉट है एक
जिसके सामने से रोज़ गुज़रता हूँ मैं
ऑफ़िस जाते और आते हुए,
छोटी–सी बस्ती बसी है एक
जिसमें बड़ा–सा इक परिवार रहता है,
कोई दो–तीन पीढ़ियाँ दिखती हैं
कई सालों से बसी हैं जो यहाँ,
इक पूरा कुनबा–सा नज़र आता है।

कल मगर जब गुज़रा उस मोड़ से, देखा–
चारदीवारी सिर उठा रही थी
चारों तरफ़ से घेरती हुई उस बस्ती को,
और एक कोने पर उस ख़ाली प्लॉट के
इक बोर्ड लगा था–
    साईट फ़ॉर टेम्पल।

वो, जो रह रहा था,
बस्ती के बाशिन्दों के दिलों में
तंग पड़ने लग गयी थी
जगह उसको वहाँ शायद;
या कौन जाने
शायद पता चल गया हो उसे भी
कि इस शहर में रियल एस्टेट के भाव

ऊँचे हैं बहुत;
और इसीलिए इरादा कर लिया हो उसने
पूरी बस्ती समेट कर
अपना एक घर बनाने का।

सच में,
बहुत जुगत लगानी पड़ती है,
इस शहर में एक घर बनाने को!

बच्चे तो फिर बच्चे होते हैं

बच्चे तो फिर बच्चे होते हैं
जल्दी–जल्दी चलते हैं
वक़्त की धीमी सीढ़ी पर ये
जल्दी–जल्दी चढ़ते हैं।

बच्चे तो फिर बच्चे होते हैं

भाग–दौड़ सब जल्दी–जल्दी
खाना–खेलना जल्दी–जल्दी
थोड़ी–सी शरारत ले कर
जब चाहे जिस पर मल दी।

बच्चे तो फिर बच्चे होते हैं

सुबह–सुबह देखा था मैंने
कुछ बच्चों को दौड़ लगाते
स्कूल की शायद बस आ गयी
भागो जल्दी, दौड़ो जल्दी।

पर इक बच्चा और भी देखा
पूरी बिल्डिंग में दौड़ लगाता
टप–टप–टप–टप सीढ़ी चढ़ता
हर दरवाज़े पर अख़बार फेंक रहा था... जल्दी–जल्दी।

बच्चे तो फिर बच्चे होते हैं
जल्दी–जल्दी चलते हैं
कुछ के बस्ते भी मम्मी–पापा के कन्धों पर
कुछ कान्धों पर लेकर पूरा घर चलते हैं।

कुछ बच्चे
सिर्फ़ बच्चे नहीं होते हैं,
पर फिर भी न जाने क्यूँ
वो भी जल्दी–जल्दी चलते हैं।

साइड इफ़ेक्ट

(कावेरी जल–विवाद के फ़ैसले के दिन, बैंगलुरू में, सितम्बर 2016)

पानी में आग लग गयी है
पानी से आग लग गयी है
पूरा शहर जल रहा है
और गलियाँ हो गयी हैं धुआँ–धुआँ
मगर ये आग बुझाने को
अब बचा नहीं है पानी
नलों में भी,
आँखों में भी।

जो नदियाँ बह रही हैं तब से
जब से सदियाँ बह रही हैं
अपनी मर्ज़ी से,
अपने रस्ते से,
उनके रस्ते में
अब खड़े हो गये हैं कुछ लोग
बाँध बन कर
और पानी बाँध कर
तरक़ीब निकाल ली है
आग लगाने की
पानी के क़तरों से;
कुछ–कुछ वैसी ही
जैसी आदि–मानव ने बरसों पहले
पत्थर घिसकर निकाली थी.

और इन सबका एक
साइड इफ़ैक्ट भी हुआ है–
टी.वी. में
सड़कों पे,
अख़बार में
जलते हुए टायर, बस और ट्रक देखकर
जब पूछता है मेरा पाँच साला बेटा
"ये सब क्या है, पापा
आज स्कूल की छुट्टी क्यूँ है?"
तो कहता हूँ मैं
"बेटा, कर्फ़्यू लगा है शहर में"
और तब वो पूछता है
"ये कर्फ़्यू क्या होता है, पापा?"
तो जवाब नहीं होता है मेरे पास कोई
सिवाय इस ख़याल के
कि जब पानी से आग लगती है
तब कर्फ़्यू लगता है,
स्कूल की छुट्टी होती है
वो "अच्छा..." कहकर ख़ामोश हो जाता है
और तब
एक नया लफ़्ज़ आकर
जुड़ जाता है उसकी भाषा में चुपचाप।

और चाहकर भी रोक नहीं पाता हूँ
इस 'साइड इफ़ैक्ट' को मैं!

दौर बड़ा सख़्त है ये

दौर बड़ा सख़्त है ये
इजाज़त नहीं देता है
किसी को भी
कमज़ोर होने की।

और ज़ाहिर हो जाये अगर
कि कमज़ोर है वो
तो जीना मुहाल कर देते हैं लोग
जगह नहीं कहीं भी तुम्हारे लिए
अगर कमज़ोर हो तुम।

सुना है
सरकार ने भी अब पाबन्दी लगा दी है
सड़क किनारे
गुलमोहर के पेड़ लगाने पर
कि जड़ें कमज़ोर होती हैं उनकी
और टूट के गिर जाते हैं वो
सह नहीं पाते हैं
तेज़ बारिश–अन्धड़ कभी आये तो।

दौर बड़ा सख़्त है ये...

तलाश

(उत्तराखण्ड में बाढ़ के दौरान)

किसे ढूँढ़ रहे हो?
उसे
जो थामे हुए था भरोसे की
कच्ची–सी अदृश डोरी?
या उसे
जो बुन रहा था
दूसरे किसी छोर पर
टोटा–टोटा उस डोरी का?
या
फिर वो डोरी ही ढूँढ़ रहे हो?

जानते नहीं हो क्या अब भी?
बह गया है वो
और वो भी
और वो डोरी भी!

इस बार गंगा मैया का सैलाब
बँध नहीं पाया जटाओं में!

राइटर्स ब्लॉक

आज सुबह
अपने ज़ेहन में महीनों से सोये पड़े
शायर को जगाया मैंने और पूछा–
कई रोज़ से लिखी नहीं है
तुमने नज़्म कोई
तबीयत तो दुरुस्त है तुम्हारी?

कुछ देर घूर के देखता रहा मुझे,
जैसे किसी ख़्वाब में ख़लल डाल दिया हो मैंने
फिर बोला, जैसे बात टाल रहा हो–
हाँ! कोई मुद्दा नहीं मिल रहा आजकल।

हैरान था मैं जवाब सुनकर
कि आज के दौर में
जब हर रोज़ सैकड़ों मुद्दे झगड़ते हैं आपस में
अख़बार के पहले पन्ने पर छपने के लिए,
ये कहता है
इसके पास कोई मुद्दा नहीं है।

मैं कुरेदने लगा फिर से–
क्यूँ नहीं लिखा तुमने
नेपाल के भूकम्प के बारे में?

मायूस हो गया वो, और बोला–

मैं दूर था,
बहुत दूर
मुझ तक पहुँचे नहीं
वो भूकम्प के झटके
बहुत दूर था मैं
उन बच्चों से
जिनका बचपन
छीन के ले गयी धरती मैया
अपनी एक ज़रा–सी करवट से।

लिख भर देने को लिख देता कुछ भी
तो यूँ लगता
जैसे मज़ाक़ उड़ा रहा हूँ उनका
जिन्हें हाथ पकड़ कर उठाने की ज़रूरत है,
ठीक वैसा ही बेमानी हो जाता मैं भी
जैसी हमारे देश की मीडिया हो गयी थी
नेपाल पहुँचकर।

उनकी भी ग़लती नहीं है शायद कोई
दर्द देखते हैं कहीं तो बौखला जाते हैं
सहन करना आता नहीं है
तो महसूस करना भी भूल जाते हैं
और आस–पास फैली तबाही को
बस एक सनसनीख़ेज़ ख़बर बना कर
हमें और तुम्हें परोसते चले जाते हैं,
कहा था इक बार मेरे बड़े शायर ने
'कहने वालों का कुछ नहीं जाता
सहने वाले कमाल करते हैं'
इसीलिए,
नेपाल भूकम्प के बारे में कुछ नहीं लिखा मैंने
उसका दर्द दब गया वहीं कहीं
इमारतों के ढेर के नीचे

और खोद कर निकालने की
हिम्मत नहीं जुटा पाया मैं।

इस बार मैं चुप था,
सुनकर शायर की बातें
लेकिन जानता था इस शायर को
इसकी पैदाइश के रोज़ से
इसलिए बेतक़ल्लुफ़ था हमारा रिश्ता
फिर से छेड़ा मैंने उसे–
और कल?
कल तो दूसरा इतवार था मई का
माँ पर क्यूँ नहीं लिखी नज़्म कोई?
ज़रा–सा देखते फ़ेसबुक, ट्विटर
हर कोई याद कर रहा था अपनी–अपनी माँ को,
तुम भी तो प्यार करते हो न
अपनी माँ से?
फिर?

मेरा सवाल सुनकर
हँसा शायर खिलखिलाकर
जब हँसी थमी तो बोला–
हाँ, ये बात तो सही कही तुमने
प्यार तो करता हूँ अपनी माँ से मैं
मगर न जाने क्यूँ
मुझे ज़रूरत महसूस नहीं होती
उसके अलावा
किसी और के सामने ये ज़ाहिर करने की;
आज के ज़माने में
जब कि हर आदमी नुमाइश लगा रहा है
अपने लगभग हर रिश्ते की
मैं बचाये रखना चाहता हूँ।
अपने मुट्ठी भर रिश्तों को नुमाइश से

उन्हें पर्दे में रखना चाहता हूँ।

और फिर ये भी तो है न दोस्त मेरे
जिसने तुम्हें तब तक सींचा
जब तक तुम ख़ुद–ब–ख़ुद साँस न लेने लगो,
उसके लिए
महज़ एक दिन, साल भर में?
जिस रोज़ झगड़ा होता है मेरा उससे
फ़ोन पर
किसी भी बात पर
वो रो देती है, मैं लिख लेता हूँ,
मैं नहीं कर सकता इन्तज़ार
मई के दूसरे इतवार का
माँ पर नज़्म लिखने के लिए।

मैं सुनता रहा, मगर अड़ा रहा
फिर से पूछा–
और वो नेता, अभिनेता, झूठे–सच्चे भक्त?
जो सब के सब सुर्खियों में हैं आजकल
क्यूँ नहीं बनाते मुद्दा उन्हें
अपनी नज़्मों का?

इस पर फट से बोला–
ये तो बात है अपने–अपने मिज़ाज की
मैं दर्ज़ नहीं करता डायरी में वो सब
जो कि बस अख़बारों में दर्ज़ होना काफ़ी है
और दर्ज़ हो भी चुका है।

इन सज़ाओं और बयानों की बजाय
लिखता हूँ मैं उन जज़्बात और ख़ामोशियों के बारे में
जिन्हें दर्ज़ करने के लिए
जगह नहीं बची है अख़बारों में,

लिखना चाहता हूँ मैं
सिकुड़ते रिश्तों और फैलती दूरियों के बारे में
जो एक बार घर कर लेती हैं
तो एक ही घर में कई घर बन जाते हैं
इन्सानी जज़ीरों जैसे।

मैं दर्ज़ करना चाहता हूँ
'शोना' की टूटी–फूटी भाषा में
कही गयी बातें सभी
और लिखना चाहता हूँ
मनगढ़न्त नज़्में कई
जिन्हें सुनकर बचा रहे बचपन उसका
और वो बेबाक होकर कह सके
अपनी बातें सभी
ये जानकर
कि कोई रोक–टोक नहीं है उस पर
और उसकी बात सुनी जा रही है
बिना किसी पूर्वाग्रह के,
न कि हमारी–तुम्हारी तरह
जिन्हें हर क़दम पर अब
रहना पड़ता है पॉलिटिकली करेक्ट।

शायद यही कारण है
कई महीनों से लिखी नहीं है मैंने नज़्म कोई,
मैं 'राइटर्स ब्लॉक' में अटका हूँ।

ये कह कर फिर से चुप हो गया वो
और मैंने भी चुपचाप उठा लिया
मेज़ पर पड़ा आज का ताज़ा अख़बार!

अयोध्या केस के फ़ैसले के दिन
(बैंगलुरू में)

रास्ते सुनसान,
गलियाँ वीरान
अजीब ख़ामोशी का साया है।

ना जाने कोई
गुज़रा था पिछली शब
या किसी के आने का
डर सब ओर समाया है।

मुर्दा हवाएँ फिर रही हैं
लपेटती ज़िन्दगी को बाँहों में
साँस लेने की हर कोशिश
लग रही अब ज़ाया है।

हर इक शह शहर की
अजनबी–सी मुँह तकती है
शहर तो मेरा है
पर लग रहा पराया है।

नादान है वो जानते हैं सब
पर नादानी कर न बैठे
इसीलिए रात भर हमने
दिल को समझाया है।

तय है, कुछ सवाल उठेंगे
आने वाली नस्लों के
बीते हुए वक़्तों पे
ये थोड़ा कर्ज़ बकाया है।

रास्ते सुनसान, गलियाँ वीरान
इक अनकहे ख़ौफ़ का साया है!

कुर्सी

(चुनाव लड़ते हुए उम्मीदवारों के नाम)

स्कूल में बताया था मास्टर जी ने
कुर्सी लकड़ी से बनती है
और लकड़ी के लिए पेड़ गिराने पड़ते हैं।

मगर आस–पास देखता हूँ तो लगता है,
अधूरा सच था वो;
कुर्सी के लिए पेड़ नहीं,
पेट काटने पड़ते हैं,
चीरने पड़ते हैं गले
और बनाने के लिए चार टाँगें कुर्सी की
कई टाँगें तोड़नी पड़ती हैं;
और जोड़े रखने के लिए वो टाँगें
कुर्सी से,
कीलें सिर्फ़ कुर्सी में नहीं
बल्कि ठोकनी पड़ती हैं
कई ताबूतों में भी,
ताकि ख़ामोशी रह सके सब ओर
और कोई चूँ–चर्र न हो,
कुर्सी पर बैठने के बाद;
सिर्फ़ पेड़ों की छाल नहीं
कइयों की खाल भी उधेड़नी पड़ती है
या उधड़वानी पड़ती है;
रंग कुर्सी का यूँ तो धूसर होता है

कुरेदो मगर ज़रा–सा
तो निकलता है सुर्ख़ लाल;
लहू की कई परतें लगती हैं
एक कुर्सी के रंग में।

और वो लकड़ी, पेड़ की?
वो तो काम आती है बस
जिस्म के बचे–खुचे टुकड़ों को
दफ़नाने और जलाने के।

अब जा के इल्म हुआ है,
बिल्कुल झूठ कहते थे मास्टर जी
कि कुर्सी लकड़ी से बनती है।

हैदराबाद

रात में कभी 'फ्लाइट' पकड़ो
हैदराबाद से
तो नीचे बसा हुआ ये शहर
यूँ नज़र आता है,
मानो इक घनी झाड़ी में
छिपे हों अनगिनत जुगनू।

हर एक जुगनू की अपनी रौशनी
जो 'प्लेन' की बढ़ती ऊँचाई के साथ
बदलती है अपना रंग
मिठास नज़र आती है हर रंग में,
इस शहर की मीठी ज़ुबान की तरह,
जो सुनी थी मैंने
अपने 'टैक्सी ड्राइवर' के मुँह से
जब वो 'पार्कों' की 'बातां' करता हुआ,
बता रहा था मुझे, शहर की 'मैडमां' के बारे में;

और 'चार मीनारां' के पीछे वाले
'लाड बाज़ार' में बिकने वाली 'चूड़ियाँ' के बारे में;

अपने छह 'भाइयां' और दो 'बहनां' के बारे में,
और...

दो ही साल पहले गुज़रे
अपने अब्बा के बारे में,
जिनके जाने के बाद
घर का आधा बोझ आ गया था उस पर।

मगर ख़ुश था वो बताकर–
जब तक अब्बा थे न,
'दोस्तां' के साथ मैं ख़ूब 'मौजां' किया साब
अब तो बहुत मेहनत करना है...
कहकर जब मुझसे आधी उम्र के
उस ड्राइवर ने 'रियर व्यू मिरर' में से
एक नज़र डाली थी मुझ पर,
उस आईने में दिखायी दिये थे,
दो चमकते हुए जुगनू मुझे।

फ्लाइट 'टेक–ऑफ़' हो चुकी थी
और मेरी नज़रें,
नीचे बिछे अनगिनत जुगनुओं में
वो दो जुगनू ढूँढ़ रही थीं।

सारा शहर रौशन लग रहा था
बस, उन दो जुगनुओं के कारण मुझे!

बुद्ध से सवाल–जवाब

मैंने पूछा–

बुद्ध,
जिस रात निकले थे तुम
महल तज कर
छोड़कर सोता हुआ
यशोधरा और राहुल को,
घड़ी भर को तो ठिठके होगे तुम?

इसलिए नहीं
कि मोह था तुम्हें उनसे
(मोह तो शायद तुम तज चुके थे)
बल्कि इसलिए
कि ज़रूरत होती उन्हें भी तुम्हारी;
जैसे तुम निकले थे
निर्वाण की तलाश में,
क्या जानते नहीं थे,
या चाहते नहीं थे
कि उन्हें भी तो मुक्ति चाहिए होगी?

हर एक को चाहिए।

या सच में जानते थे सब
कि ये सफ़र तय करना पड़ता है
सबको नितान्त अकेले?

और इसीलिए
बजाय उन्हें जगाकर
उनका हाथ पकड़कर
साथ ले जाने के,
निकल लिए थे तुम अकेले
स्वार्थी होकर?

निर्वाण,
क्या सच में सम्भव नहीं है बुद्ध
बिना स्वार्थ के?

बुद्ध मुस्कुराये और बोले–
जानते हो न?
निर्वाण,
नितान्त एकान्त की प्रक्रिया है,
घटना है।

आज तक सुना है क्या तुमने,
कभी भी,
कहीं भी,
सामूहिक निर्वाण?
इतिहास में,
मिथकों में
या साहित्य ही में?
नहीं न?

नहीं सुना क्यूँकि
सम्भव ही नहीं है
ऐसा कुछ भी कभी हुआ नहीं है
हो सकता नहीं है।

फिर क्यूँ पूछते हो ऐसे सवाल?

फिर भी सुनो–
हाँ,
ठिठका था मैं, पल भर से थोड़ा ज़्यादा
क्योंकि जानता नहीं था
कि क्या है आगे उस पथ पर
जो मैं चुनने चला था।

यशोधरा और राहुल
सुख से थे,
सो रहे थे,
और मैं सिद्धार्थ ही था तब तक
इसलिए ठिठका था।

नहीं जानता था मैं भी तब तक
कि नियति में मेरी
लिखा था बुद्ध होना।

मैं जानता अगर
तो शायद अपनी मर्ज़ी से
समय, स्थान और साथी
सब चुने होते मैंने।

मगर जानता नहीं था,
और इसीलिए जब मुझे चुना गया
उस स्थान, उस समय पर
उस वृक्ष के नीचे
जो बोधि था, इसलिए मैं बुद्ध हुआ था
या मैं बुद्ध हुआ था उसके नीचे
इसलिए वो बोधि वृक्ष हो गया था।

पूर्णिमा थी,
पूरे चाँद की रात,

जो सदियों से
माह–दर–माह आती चली जा रही थी
लेकिन मैंने नहीं चुना था कुछ भी,
मैं चुना गया था,
सिद्धार्थ से बुद्ध होने को।

और साथी,
कोई नहीं था तब वहाँ
हो सकता ही नहीं था,
एक केवल सिद्धार्थ था,
जो हो चुका था
एक केवल मैं था
जो हो रहा था
और वो निर्वाण की प्रक्रिया
निर्वाण की घटना
घटी थी नितान्त एकान्त में
जिसे तुम चाहो
तो स्वार्थ भी कह सकते हो।

और हाँ,
मैं लौटा था,
बुद्ध होकर
थामने के लिए अँगुली
यश और राहुल की,
उस नयी राह पर
जो मेरे बुद्ध होने से पहले
कभी नहीं थी,
कहीं नहीं थी,
और रची गयी थी
मेरे उसी स्वार्थ के कारण
जिस पर तुम आज प्रश्न उठा रहे हो।

ग़ज़लें कुछ

कच्चे-पक्के अश'आर

इक ख़याल की क़ब्र पे

इक ख़याल की क़ब्र पे, कलम रात भर रोयी
न कोई आवाज़, न ही आहट आयी कोई।

इस हामला ज़मीं पर, कितनी भी दें दस्तक
मुमकिन नहीं है जगना, ऐसी नींद वो सोयी।

उधड़ी–उधड़ी नींदें औ' लम्बी–लम्बी रातें
इक ख़्वाब में ये आँखें, जाने किसने बोयीं।

ता–ज़िन्दगी फिराते रहना ये तस्बीह
साँस–साँस कुछ ऐसे उसने है पिरोई।

शर्म थोड़ी इस नज़र में बचा के रखना
फिर न मिल सकेगी जो एक बार खोयी।

फ़र्क़ नहीं कि मेरे हैं या तुम्हारे हैं

फ़र्क़ नहीं कि मेरे हैं या तुम्हारे हैं
चख के देखा तो जाना अश्क खारे हैं।

इक बस तुम तक ही ना पहुँच सका मैं
बाक़ी तो जहान् भर के एहसान उतारे हैं।

ख़ुद के पैरों पे खड़ा कोई दिखता ही नहीं
बैसाखियाँ ही बैसाखियाँ हैं, सहारे ही सहारे हैं।

हर रौशनी की तरफ़ बढ़ा बेरूओरिआयत से मैं
फ़र्क़ किया ही नहीं, कि जुगनू हैं या सितारे हैं।

उफ़ुक तक जाती निगाहें तक भीग रही हैं
बरसात ने अब के बड़ी दूर तक पंख पसारे हैं।

अब के चिटका तो टूट ही जाये ना कहीं
बड़ी देर से वो शख़्स, तन्हा है चुप्पी धारे है।

नदिया चाहे जितनी भी छोटी हो या बड़ी
नसीब में उसके फ़क़त वही दो किनारे हैं।

रात के आख़िरी मुहाने पर

बुझती रात अख़िरी मुहाने पर खड़ा हूँ मैं
सुबह तक जागने की ज़िद पे अड़ा हूँ मैं।

मुझ पर इक नज़र भी तुम डाल नहीं सकते
क्या इतना तुम्हारी नज़रों में गिर पड़ा हूँ मैं?

फटे जो पैरहन, तो जाने क्या–क्या दिखायी दे
कच्चा टाँका हूँ, अधसिला, आधा उखड़ा हूँ मैं।

तुम हो रौशनी, मैं तो बस जिस्म ढो रहा हूँ
तुमसे मिल के ही तो परछाइयों में जड़ा हूँ मैं।

तुम्हारी आवाज़ का लम्स शायद पहुँचेगा नहीं
जिस्म की क़ब्र में इतना गहरा गढ़ा हूँ मैं।

असर ज़माने की बातों का कोई होता ही नहीं
कैसे बताऊँ उन्हें कि चिकना घड़ा हूँ मैं।

जख़्म ही जख़्म हैं मगर दिखायी नहीं देते
इक शख़्स है मेरे अन्दर, जिससे लड़ा हूँ मैं।

ये वो मंज़िल तो नहीं कि जिसपे मुझे जाना था
जान–बूझ कर मगर कुछ सीढ़ियाँ चढ़ा हूँ मैं।

तेरी अंजुमन से निकले

तेरी अंजुमन से निकले, तो बहार छोड़ आये
जो क़रार आख़िरी था, वो क़रार तोड़ आये।

सोचा तो नहीं था कुछ ऐसा करेंगे हम भी
दुनिया से पर जो निकले, तो उधार छोड़ आये।

कोई न कोई रस्ता तो मंज़िलें दिखाता
हम ही तो मुड़ न पाये, यूँ हज़ार मोड़ आये।

बचपन के वो 'फ़साने', राजा–रानी की कहानी
वो गलियाँ जो हम से छूटीं, किरदार छोड़ आये।

कुछ सब्र हम में कम था, कुछ ख़ुद पे था भरोसा
जहाँ नसीब बँट रहा था, वो क़तार छोड़ आये।

आज फिर कुछ

आज फिर कुछ पा के खोया है
आँसुओं से अपने, चाँद धोया है।

आवाज़ें दे रहा हूँ मुसलसल उसको
आँखें खोलता नहीं, रूठ के सोया है।

अश्क का एक क़तरा गिराकर उसने
ठहरे समन्दर में इक तूफ़ान बोया है।

किसी की हल्की, किसी की भारी
ज़िन्दगी को उम्र भर सबने ढोया है।

उसकी रूह से रूह मिलाई पहले
फिर साँसों में साँसों को पिरोया है।

सुबह की पलकें भी गीली निकलीं
आसमाँ जब भी रात भर रोया है।

आज़ादी तो है मगर

आज़ादी तो है मगर अभी अधूरी है
तय करनी है जो वो लम्बी दूरी है।

कुछ लालची लोगों की बेपरवाही पे
कुर्बान बच्चों का होना क्यों ज़रूरी है?

आँखों में अंगारे जुबाँ पे ताले लिये
जिए जाना इस दौर की मजबूरी है।

अमीर–ए–शहर घूमता फिरे है मदमस्त
ख़ुद की ख़ुशबू में मदहोश कस्तूरी है।

सुबह होने को है या सूरज होता है ग़रूब
फ़लक का रंग जो इतना सुर्ख़ सिन्दूरी है।

क़िस्मत में हर इक बीज की

क़िस्मत में हर इक बीज की, होता नहीं शजर होना
ज़मीं चीरने को लाज़िम है, हौसला पत्थर होना।

बच तो जाता ईमान मेरा, टूटने से आज भी
बाअसर हो गया पर, भीगी तेरी नज़र होना।

मंज़िल तक पहुँचना ही तो हासिल नहीं केवल
मायने बहुत रखता है, इक यादगार सफ़र होना।

छिनती देखी हैं हमने, थालियाँ सोने–चाँदी की
याद रहता नहीं जिन्हें, सूखी रोटी पे गुज़र होना।

बस सर झुकाने से ही तो होती नहीं है बन्दगी
नीची नज़रें जताती हैं, दिल में कुछ क़द्र होना।

जाने किस दर्द ने

जाने किस दर्द ने आवाज़ लगाई होगी
उसने जो फिर से क़लम चलाई होगी।

इतना तो कभी नहीं देखा ग़ुमसुम उसको
दिल में कोई तो बात सुनी–सुनाई होगी।

इस सफ़र की मंज़िल बस रूह को मिले
न जिस्म साथ होगा न परछाईं होगी।

बन्द रहने दो पलकें कि ख़्वाब मीठे हैं
खुली जो आँख तो कड़वी सच्चाई होगी।

जल जायें चाहे जितने रिश्ते तन्हाई में
धुआँ गर दिखा तो जग–हँसाई होगी।

आ रही है फिर किसी इकतारे की धुन
फिर मीरा कोई प्यार में बौराई होगी।

न जाने कौन–सी मजबूरियाँ रही होंगी
क्या सोच कर उसने सलीब उठाई होगी।

सीख भी लें दो–चार पैंतरे

सीख भी लें दो–चार पैंतरे, दुनियादारी के
कब तलक जीने की सोचें, टुकड़ों पे उधारी के।

कभी तो बाज़ी आयेगी, अपने भी हक़ में यार
कभी तो पत्ते बिगड़ेंगे, उस बड़े जुआरी के।

रंग लगे इक बार तो, लोक–लाज फिर कैसी
दौड़ी–दौड़ी आन मिलूँगी, बिन सजी सवारी के।

सेज पे तन्हा बैठी, बिन अश्कों के रो रही है
ख़्वाब के ज़ेवर ले गया कोई, नींद बेचारी के

हो जायेगी आँख गुलाबी, सुबह की लाली से
कोई तो अब फेरे पड़वाओ, रात कुँवारी के।

लिख कर गये थे शेक्सपीयर

लिख कर गये थे शेक्सपीयर, नाम में रखा क्या है
ज़ख़्म ख़ुद के न चखे तो, ज़िन्दगी में चखा क्या है।

ख़ुशबू नहीं आयी कोई, चूल्हा जलते देर हुई
'उस' की रसोई में जाने, आज फिर पका क्या है।

सुन के सारी दास्तां उसने, मासूमियत से पूछा था
मेरी पलकों के किनारे, आख़िर ये अटका क्या है।

जिसका जिस्म बिक जाये, ज़मीर बिकने से पहले
उससे पूछना कभी, पैसा क्या है, टका क्या है।

हाथ छुड़ा कर भाग गया, जब भी किरदार कोई
पीछे जाने के सिवा, और अदीब कर सका क्या है।

नौ महीने कोख़ में रख के जना है उसने भी
मुफ़लिसी में भी जानती है, होता नौ–लखा क्या है।

सूखे हुए कुछ क़िस्सों से

सूखे हुए कुछ क़िस्सों से तर–सी आँखें
आधी–अधूरी रात में दोपहर–सी आँखें।

खुला आकाश ख़ुद में समेटे हुए चुपचाप
पिंजरे के पंछी के नुचे हुए पर–सी आँखें।

न जाने किस–किस को कर चुकी हैं रुख़सत
उजड़े हुए इक घर में, खुले दर–सी आँखें।

कभी हैं इक बहता–उफनता–सा दरिया
कभी सूखे दरिया के एक पत्थर–सी आँखें।

ज़रख़ेज़ हैं ये रोज़ ख़्वाब जनती
क्यूँ हैं ये फिर भी, बंजर–सी आँखें।

न जाने किस उफ़ुक़ पे ये जा के ठहरेंगी
ये सदियों से लम्बे, तन्हा सफ़र–सी आँखें।

□□